LÉXICO ROMANO

LÉXICO ROMANO
Primera edición: octubre 2024
Derechos reservados:
Ediciones Torremozas

© de esta edición: Ediciones Torremozas
© de los textos: Sara Martínez Navarro

ISBN: 978-84-7839-935-2
Depósito Legal: M–22790–2024

EDICIONES TORREMOZAS

ediciones@torremozas.com
www.torremozas.com

SARA MARTÍNEZ NAVARRO

LÉXICO ROMANO

380

COLECCIÓN TORREMOZAS

SARA MARTÍNEZ NAVARRO (Cartagena, España, 1981) es poeta y traductora. Formada en Filología clásica y Filosofía, sus poemas, traducciones y ensayos han aparecido en diferentes revistas y antologías de España, Perú, EEUU, Chile y México. Es fundadora y coeditora de la revista de poesía *América Invertida*. Entre sus publicaciones destacan *América* (IV Premio de la Facultad de Poesía José Ángel Valente, ed. Universidad de Almería, 2020), *Feliz solo en las ruinas* (III Premio de Poesía Esdrújula, ed. Esdrújula, 2021), *Vocación* (Alastor, 2023) y *Nueva muchas veces* (ed. Esdrújula, 2023).

En Madrid, el 4 de junio de 2024 un Jurado compuesto por María del Pilar Palomo, José Manuel Lucía Mejías y Marta Porpetta otorgó a este libro el XLI Premio Carmen Conde de Poesía de Mujeres, convocado por Ediciones Torremozas.

Y algunas de las cosas que han pasado,
¿no continúan pasando para mí?

María Zambrano, *Las ruinas*

Para Isabel

Uno

La voz abismática

Primera voz. Una humareda
se extiende desde un lugar pasado,
afecta a lo caduco
y por ende a la piel.

Segunda voz. *Animula, vagula,
blandula.* Enferma la penumbra,
densa la hora en la que –se ha decidido–
desaparecen los objetos
que van a parar al paño.

Tercera voz. Cruza el cielo
una levísima línea de madrugada.
Abandonar el querer.
La voluntad sigue el recorrido
del sol. No hay extrañeza
ante un estar momentáneo
y diario, que nos obligue a desconocer
qué significa la permanencia.

Otras huellas

Te interesan
fragmentos sobre el arte
de hacer un sacrificio.
A ciertos animales,
colocados ya sobre el altar,
se los sustituía
cuando oponían resistencia,
mugían o chillaban.
Lo decisivo es la respiración.
Que suceda en acepción honrosa.
El resto se confía al cauce subterráneo
de la condición humana.

Tiempo de nacimiento

Si se acercara esa nube hasta la cúpula
y, mientras esperamos, hubiera vida
que medir con términos abstractos
y propicios, bastaría una mirada muda
para saber
              cualquier pendiente es río
de acero y fachada de agujas, pero al azul
no lo liberan cientos, miles de nombres.
Con la boca enhebrada de hueso
hablan los pueblos a las alondras
y aún palpita el augurio, si otoño
es alimento, bajo el cielo de bronce.
Pudiera ser este el corazón del mundo
de par en par abierto y misterioso.
Desde el adoquín desnudo hasta el subsuelo
donde se halla la basílica blanca,
de mil formas hambrienta, y una pintura terrestre
que se vuelve madre. Por la Via del Corso
vamos naciendo, asfixiadas en la forma
de la historia que desplaza
tiempos otros, no escuchados,
surgidos de un estar ausente,
penumbra del sentir ya conocido.

Un impar monumento

Dentrísimo del ábside
bajo tierra esculpido,
el salto de Safo
como pausa en la piedra.
Por encima de la línea acabada,
un mito deshojado
del nido de una glosa.
Cuenta el tiempo
en cada uno de los sentidos.
No vemos la caída.

Qué piedad la del mármol
y sus días.
Qué abismo entre mi sien
y tu regazo.

SENDEROS

Setenta pasos hasta el norte.
Ser, mirar tan solo. Atravesar el mar
sin pensar en la tierra.
Tornarse pájaro, tal vez.
Así lo quiso. De pie sobre el camino
albergo una esperanza envuelta en carne.
El nombre de Alba Longa y un cielo
impasible ante el comienzo de la historia.
Quinientos kilómetros de vida.
Quinientos kilómetros de muerte.
Avanza la certeza buscando nombre
para aquello que se ama. Importa la luz
desde el centro de Cecilia Metella
o el nudo de cipreses milenarios
donde aparcan su vespa los amantes.
En el sendero desde lo común a lo sagrado,
la vida vegetal triunfa sobre los cuerpos.
La raíz que pisamos sobrevive al destino
y escucho muchas cosas que no pueden saberse.

La mirada

Una ventana redonda y otra rectangular
algo típicamente romano.
Habitamos esta casa como habitamos
el corazón de un padre.
Con el temor de la demasiada luz
con el temor de la demasiada culpa
con la medida propia de las horas
sentadas a la mesa.
Cae inmediato el sur
sobre la plaza. Al ocurrir sereno
de los viandantes yo lo llamo
con el mismo nombre que la sangre.
Una presencia sola. Trascender.
Ser dueña de mis pasos,
huir del decálogo ajeno. Un destello,
el sueño de nadar. Lo maravilloso.

La muerte apócrifa

Aquí está Orfeo, dijiste. Y yo lo sé
y lo busco, y yo lo sé
y lo niego.

El origen del circo romano

Del origen elegimos el misterio
y así hay una ley que dice:
nos tenemos las unas a las otras.
Sigue siendo ese enigma
lo que profana el juego, inútil
nuestro paseo diario hasta la isla,
tocar la puerta helada y mirar
hacia arriba,
a la palabra hablada nacida verbo.
Si fueras una estatua
estarías aquí, de espaldas
a la segunda muerte. Aguardarías
la llena como bestia que aguarda
su sacrificio. Te he marcado
un verso distinto:
en el río todavía se confunde
el número de hombres y el de fieras.

PIAZZA DEL POPOLO

La vidriera sobre el café Rosati
ofrece siluetas tan extrañas,
tan cerca de la idea primera
del sueño o de la fábula. Respira
la ciudad, grieta eterna,
laberinto de muertos guiando a los cuerpos vivos.
Hasta el Pincio sube aquella mujer
como yedra que avanza indiferente
al brillo atado al origen del mármol.
Recita, al azar, nombres de plantas
en un gesto cotidiano, casi muerto.
Entonces sucede: un ciprés
parte el verso en pedazos de siembra
y hace posible cielo y horizonte
y hace posible una voz para nombrarlo.
Aquí no se renuncia al absoluto
ni al fragmento que media, ni al oriente.
Al volver a la plaza sigues viva
y en la ventana, ahora, nace un bosque.

DESTIERRO

Sobre el atardecer todo está escrito
salvo esta luz prendida, por igual,
en la ladera del monte y de tu rostro.

El rumor

Del progreso volvieron hoy los pájaros,
vinieron a cantarnos lo breve
de su ausencia. Teníamos
su ausencia dentro
y con ella vivíamos como vive la presa
levantando la vista
                         y no había nada.
Una rama quebrada, lo que no
se comprende, las formas
en desuso de una conjugación.
Si escribiera la nada o estuviera
su hueco: lo que hubo
y lo que no hubo. El lugar
no habitado se desplaza
hacia el centro. Ese tránsito
es lento y va cargado de tallos
y de ceniza enrojecida.
Esta escena no se comparte.
Ni el agua del centro del río
ni la herida del centro de los ojos.

El alba cuajada, derramada

El alba cuajada, derramada
sobre el Tíber. Aún hace frío.
Un cristal anuncia el paso
de un barrio a otro.

No hay nada peligroso. Volver
la vista atrás
es el acto de piedad definitivo.

En el segundo barrio llueve.
Alguien te avisa:
en el primer barrio te darán cobijo.

Lenguajes no humanos

La primera cosecha. El tronco
de la higuera erguido y tenso.
Te has levantado temprano,
has mirado las habas. Si crecieran
como crecen las penas, has dicho.
El día ha transcurrido lento
entre cestas y pájaros que acudían
al agua fresca del bebedero.
Silencio. Se hace de noche.
Has vuelto a mirar las habas
antes de acostarte.
Hay un temblor.

Jaime en Roma

Mandó la familia que volara
por una calle oscura
                             centinela
de las horas terribles del exilio.
Enamorado informe, bebíamos
a diario del jarro de la mañana.
Jaime sabía y no sabía, y yo le hablé
y vinieron palabras y se inflamaron
y pasó la poesía y se plantó el mirto
en el solar de las columnas.
Estaban todos muertos, sin memoria.
Que no pregunte nadie,
que no vuelvan
a los cuerpos de guardia, a los relojes,
a la pregunta tibia y palpitante.
A la palabra éxodo nadie la tema,
el matorral sagrado que sea el futuro.
De la frontera escrita que nada quede.
Que se confiese el sur,
que se confiese
                         que me arroje
a la arena del nada nunca.

DE UNA CORRESPONDENCIA

Sincronizada y rápida
va la palabra,
a pesar de la familia clavada en las encías.
Hablabas deseante,
desde la rama larga, e innumerables
eran las hojas italianas.

Descansa. No hay nadie
que te espere.

Así se quema un cuerpo.
Así calla el lenguaje.

Lo intacto

Hizo Roma de patria y no este mar
de agonía más grave que ninguna.
Lo escribiste invisible, en la hora
última, de la mano de tu hermana.
Contemplo la aspereza de la piedra,
piedra patria de ti. Y me alimento.
En tus cartas mencionas rara vez
el porvenir. Eso es porque el afecto
revolotea ante lo que conoce,
una balsa de agua, intensamente
líquida y plástica. Se me anticipa
cualquier geografía a tu recuerdo,
a lo que contará de ti la amiga
sabia y fatigada. Una línea
horizontal atraviesa los verbos
que nos hacen iguales. Los acojo.
Quien no ha conocido abril, su violencia
y su canto, se habrá perdido
en las formas plegadas al amor.
Otro cuerpo será el que abrace
la *hybris*. Frente a tu antiguo portón,
hoy estoy sola.
Percibo, muy adentro, una semilla.

MATER MATUTA

Hemos salido al patio
a levantar la frente. Quedaba
la claridad justa del domingo,
la que vive dentro de las bocas
de la voz partida de los pómulos.
                 Dentro
se guarda la memoria, no es
vertical. No busca la garganta.
Entre el pliegue y su línea,
¿es la lengua la que se desplaza?
¿Puede llegar palabra desde la cavidad?
El patio es extranjero, las voces
extranjeras, las caras y los cuerpos.
La costumbre engendra exilio,
engendra guerra y defensa.

En el principio fue la salvación.
En el final, la aurora.

ENTRE VIOLETAS Y VOLCANES

Silabea Apolo. En suspenso la sierpe
del invierno que es entraña
y solo una.
Habría de conocer todas las palabras
para mirar muy cierta
                              sostenida
cómo se desarrolla el paso
de la pasión a la pobreza,
un trayecto acaso horizontal,
de gozo a gozo,
de silbo a rayo. Hay antes de la sílaba
un vacío donde quedarse quieta
y renacer. A la primera niñez
no volvería
porque no estaba viva mi propia lengua.
El mar no lo nombraba,
ni la desdicha
y no podía cesar lo que aún no se confunde.
Y decir cada una: el llanto es un campo
salpicado de almendros
vareados por un viento que no existe.

ACUDO A LA PALABRA LUMINOSA

Acudo a la palabra luminosa
de una mujer romana.
El equilibrio entre lenguaje y savia
ofrece la aventura transitable
de este raro recuento de tu cuerpo.
Es el centro del mundo tu columna
sosteniendo el cuello breve, *vita
longa*. Era esta la fundación
de alguna orilla, algo por suturar.
No tendría esta luz este sentido.
Sobre nosotras cae de Medusa
su sentencia blanquísima, su ser.
Crece el sueño también
en el desistimiento. Bastaría
con conocer lo que hace la tiniebla
con los hombres.

ALGUNAS REFLEXIONES SOBRE LA FIGURA DE ELENA CROCE

Era la vida lo que se intercambiaba,
la vida entre fragmentos de prensa
y rituales. Era la vida
intercambiada desde dentro,
dos mujeres conversando, conmovidas,
sin nostalgia. *Stile antico.*
Protegen los saludos más que las despedidas.
Brota el afecto claro, radical.
Tras la expulsión de Roma,
un telegrama:
no he recibido tu libro. Stop.

Metamorfosis

Podemos esperar a que cambie
el cauce de los ríos y que la cazadora
advierta la tormenta
por el ruido del agua al retirarse.
Podemos acercarnos
y mirar los pantanos, imaginar el suelo
como dientes
                    y del camino fértil
recoger frutos, una montaña entera,
más que madura. Podemos
conservar la esperanza en la marisma
desecada que conoció el viajero,
paisaje de canales y de bóvedas
y morada nunca y silencio.
Podemos esperar a que construyan
una región costera y que otro suelo
triunfe sobre las dunas.
                    Un deseo
de vida como una ermita
mil veces recorrida por voces
anudadas
bajo el nivel del mar.

Centrale Montemartini

El busto helado del emperador
se alza unos metros ante la turbina.
Nunca estuvo previsto el equilibrio
entre ideas y energía
o entre dioses y máquinas,
como anuncia el folleto de la central eléctrica.
Has querido hacer fotos que mostraran
el contraste del mármol y el acero.
Te he esperado, impaciente,
delante de la *statua di fanciulla seduta*.
De nuevo la muchacha evita la mirada.
Doblado el brazo izquierdo,
la levísima túnica aparece y es resto
de un orden imprevisto. Ese giro
recuerda inevitablemente a ti,
a la manera en que te ajustas un vestido.
De aquel templo de Minerva Medica
nada más se conserva. Hubo una chica, sí,
que inclinó alguna vez el torso hacia delante.
Tu pelo recogido y lo imposible
de separar del hambre la inocencia.

LA PALABRA PERDIDA

Extraño es que en este lenguaje
hablemos de los sueños. Es todo
relativamente moderno, el uso
de los días y de las noches,
el proverbio descubierto de las islas.
Leía ese párrafo sobre la vida intacta
y feliz, en suspenso el dolor
y –añado– la memoria.
Cualquier archipiélago existe en la vigilia.
Nos necesita vivas, ojos exactos
y conscientes. Los géneros de la luz
se multiplican, traspasan el asedio
y nos reúnen en el tiempo silenciado.
Leía también: *en Isla Isabela*
reina casi permanentemente el mal tiempo,
lluvia copiosa, cielo nublado.
Esconde la isla de nosotras su forma
plena, aquella que ya ha entrado
en el orden del mundo: todo estaba en todo.
El viento predominante es del oeste.

La perplejidad

Cómo de abierto es el sentimiento inicial
de la conciencia, cuánta cavidad escapa
de la naturaleza.
                                    Ignoro
si existe otro lugar o es esta nuestra patria
y mudas contemplamos maneras
muy antiguas de estar entre vosotros.
Lo delicado es parte de los límites,
de lo que tarda un árbol
en ofrecer su fruto, de lo que aprende
una mujer sentada junto a su sombra.
                                    Dónde
los muertos vivos, dónde la ciudad
que se asienta sobre el cuerpo
de Antígona.

Empieza así. Leyes que impiden
sumergirse para salvar al otro, nuevo
método oscuro de la desolación.

Ser el otro nunca.
                                    Termina así.

Dos

(Via Appia)

Te pensé cruce. Ni siquiera el mar
desde este lado se libra de sí mismo.
La tierra es amarilla y la ciudad
acumula una atracción desoladora.
He encontrado el amor en esta estatua.
Piedra. Llaga. Piel.
La capa en movimiento interrumpido,
el brazo en gesto alto reverdece.
No cruza su mirada con ninguna.
Nada sufre en el acto de mirar.
Nada sufre.
Se distancia la vida del dolor
en la lucidez lenta de otra lengua materna.
La vía aleja de nosotras la tragedia,
es solo suelo lo que construye un sitio.
Sabida es también la historia de los cuerpos
visibles y brillantes. A la forma griega
de los vientos le damos más de un nombre.
A la tentación sola de lo posible
le damos más de un nombre.
A la hoguera encendida del recuerdo
le damos más de un nombre. Lo único
que no nombramos lo llevamos dentro
y hace crecer una espera
que alumbra
el léxico romano.

Tampoco tiene comienzo este poema
–queda lejos el cielo–. No se recuerda.
Nada puede agigantar un siglo.
Del caminar elijo ser creación,
consumir mi paso junto al árbol,
dudar de la frecuencia del abrazo de un hijo
como se duda siempre de un presagio.
Si de la conciencia nace un monumento
lo desconozco, si el rito
es tan elemental como el cielo de marzo,
o como esta ave
blanca y sorda que es la tarde.
Es residuo la ciudad en este poema.
Adivino el brazo que señala el camino,
castaña ya la tierra
–cabeza levantada–
y busco un punto en el que todo
signifique compasión: una huella
con la forma de este vaso de agua
que te ofrezco. Huir del posesivo
como de la pureza.
He venido de nuevo a la piedra nerviosa.
Entre pierna y muro, el refugio
de un mirlo.
En su mármol gastado estoy segura.
El espacio ha pacificado al tiempo.
Lo ha liberado. La vida se acoge,
entonces, a la posibilidad.

No hay paisaje más bello que el de un nombre
al que vuelve el amor, aniquilado.

Ad catacumbas

Escucha el lomo de la losa. La muda
dureza de lo voluntario. Este camino
lleva el nombre de un censor.
Quisiera preguntarte cuándo
volveremos a Roma. Qué recuerdos
guardarás *para siempre.*
Si prefieres las noches a la guerra.
Construir el habla. Colocarle un primer,
un segundo miliario. Recibir de tu voz
lo que no se deshace.
El deseo verdadero nace
               del silencio.
Crece
      del silencio.
Se vuelve pólvora en el umbral del habla.
Si prefieres el pensamiento al sueño.
Entretanto, optamos por el corredor
de las tumbas iguales. Desvivir.
Cultivar la noticia de la muerte.
Oír lo visible. Alzar la voz
ante la llama intermitente y parpadear
como modo de comprender el mundo.
Entender, al fin, un parpadeo como un pálpito
y sostener el misterio de una etimología.
Si prefieres el sol a lo perenne.

Íbamos ya cansadas. A la derecha
resplandecía –sobresalía– un antiguo campo de trigo.

Regina viarum

La enfermedad de los griegos, decía Séneca,
fue querer saber
qué número de remeros tuvo Ulises.
Si se escribió primero la *Ilíada* o la *Odisea*.
No ayuda este conocimiento a la conciencia.
Saber es parte de esta historia.
Perdonemos también a los que inquieren
cuál fue el primero
que persuadió a los romanos a la navegación.
Del vacío acabar en el suceso. Escucha:
un corazón que sabe es lo único que permanece.

Altorrelieve con figura masculina

Redención inicial. Tienen los dioses
toda la belleza. Recurre la metáfora
a la luz transparente de la costa.
Un hecho simple podría ser,
por ejemplo, la muerte de un poeta.
Un acontecimiento vulgar, una fábula
que exige la parte prodigiosa del lenguaje.
A la estatua la miro y me devora
el cauce exhausto de la piedra,
el deseo detenido en el pensar

sobre el amor, en el escribir sobre el amor,
en la pausa venenosa de su pulso.
Redención final. La pierna adelantada
entre la hierba. Inmutable la lanza
ante el invierno. La estructura cruel
que coloca a tu altura al visitante.
Ya no vemos las cúpulas de la ciudad.
Nos alejamos para sentir *el algo que queda
del todo que pasa.*
Te pediré volver, más adelante. Ahora.
Desandar la parte que florece. Desnombrar
Roma, he ahí el equívoco inscrito
en todo pensamiento.
La aparición del amor es la derrota
del progreso. El afán inasible:
un impulso, uno solo.
Nace la mata gruesa de la clámide al hombro.
El escudo, a la izquierda, apenas se distingue.

La tumba de Séneca

Recorrerás callada, losa a losa, el camino de vuelta.
Sucede que nos adelantan caballos
llamados del color del pasajero.
Todo esto se da en esta ciudad: es posible
la ciencia y la verdad, lo secreto
y lo nutricio del amor. Tenemos aprendida
una distancia sagrada: aquí se oculta el sol,
allí se abre un campo de flores como único

idioma. Aquí se vacía
una imagen de su intimidad,
allí aceptamos el juego en su misterio.
Sucede que la florista pide perdón
a la hora del crepúsculo y desde aquí
las magnolias y las adelfas acuden
a los cuerpos luminosos
ordenados
igual que en el firmamento. Así hagan
con nosotras todos los símbolos.

Restos de un columbario

Si se posara un pájaro en la pared tapiada,
¿mirarías a dónde?

Arboretum

La esencia se define en el hombro que aparece
tras la mata salvaje. Trae este camino
del amor las ofrendas, de las horas
su fijeza blanca. Al regresar, un sí.
Limita hacia el este el resto de una exedra
con la forma de agosto,
recibe el sol vibrando al obediente
en la parte en que están más apretados los cipreses.
Una única revelación posible:
el desnudo tallado en piedra

del dios adolescente y en su cuerpo
no hay ruido, no hay un verbo que niegue.
Una víscera ausente hace de franja gris
y separa su mudez de mi mudez.
Ahí mismo está la herida.
Traíamos preparado el sacrificio
desde Via della Mercede, una calle
tras otra, al encuentro de un dios.
Escucha: no tiene final esta llamada.
Si nace del amor el pensamiento,
si demora la noche la blancura,
que pueda oír los idiomas
                              y alguien
se siente al lado de la guirnalda
la coloque en el cuello del dios desnudo
y yo no quiera irme
no pueda irme.

Tres

Escribo desde la ruina. Desde el volver radical hacia una misma para contemplar el manto de palabras, silencios y misterios que conforman la poesía y la vida. La ruina ya no muda de piel. Nos sobrevive y nos puebla de fracaso, primero, y de esperanza, después. Queda pulir el tiempo. Hacerlo perfecto de presencia que no puede contemplarse. Contemplar la ruina es abrigarse de fracaso. Realizar la imperfección, ejecutarla. Serla, encarnarla. Ser edificio es estar en la historia conociendo el derrumbe. Edifico mi cuerpo como edifico un texto: he desistido. No permanezco. Permanecer es un gesto único. La belleza es interrupción, intermitencia. El comienzo exacto de un poema. Acabar de nacer. Entrañar un texto, extrañar un texto. La ausencia nos acerca al silencio y de ahí a la necesidad. En la estela de ese tránsito, una palabra surge. Acompaña. Y, acompañando, se hace luz. Desde lo luminoso, la ruina ofrece lo común. Escribo desde lo posible. Deja nacer la flor una columna. El capitel se ensancha con la yedra. Y ahora ser de nuevo intemperie. Volver a contemplar.

N.B.:

Entre 1953 y 1964 María Zambrano vivió exiliada en Roma con su hermana Araceli. Los títulos de los poemas de la primera parte replican los títulos de los textos que Zambrano escribió durante esa estancia, excepto «Centrale Montemartini».

En esos años, María y Araceli Zambrano visitaban con frecuencia la Via Appia. Allí descubrieron una estela funeraria con un altorrelieve de un adolescente. Durante años, todas las semanas, las hermanas Zambrano fueron al encuentro de ese joven. Llegaban danzando y barrían y quemaban la basura que se acumulaba alrededor de la estatua. María Zambrano les hablaba frecuentemente a sus amigos de su «amante» de la Via Appia, incluso habiendo vuelto ya a España, y a algunos los retaba a encontrarlo: «Casi ninguno lo encuentra. Así sucede con lo sacro: tiene que venir por sí mismo, mostrarse por su propia voluntad. Si se le va a buscar, sabiendo que está ahí, huye, se esconde o jamás aparece»[1].

---

1   María Zambrano, «El desnudo iniciático» en *Las palabras del regreso,* Ed. Mercedes Gómez Blesa, Ed. Amarú, Salamanca, 1995.

Altorrelieve con figura masculina en la Via Appia.
Marzo de 2024.

Índice

Este libro,
número 380
de la Colección Torremozas,
se terminó de imprimir el día
18 de octubre del año 2024,
aniversario del nacimiento de
Eunice Odio.